Il mio GRANDE ATLANTE dei

DINOSAURI

Indice

Com'era prima?

Per oltre 150 milioni di anni, i dinosauri hanno dominato il nostro pianeta: sono stati trovati resti di queste creature preistoriche in ogni continente.

Ma perché i fossili di dinosauro rinvenuti in India sono così diversi da quelli della vicina Cina, mentre i resti scoperti in Colorado sono simili a quelli trovati oltreoceano in Portogallo? Perché le rocce del Kansas a centinaia di chilometri di distanza dall'oceano contengono fossili di rettili che vivevano in mare aperto?

La conformazione geografica della Terra cambia in continuazione a causa di un lento movimento dei continenti, la cosiddetta "deriva dei continenti". I dinosauri apparvero in un supercontinente chiamato Pangea, che riuniva in sé tutte le terre emerse del mondo. Dal momento in cui la Pangea diede origine a vari continenti separati dagli oceani, i dinosauri iniziarono a evolversi in diverse specie.

A volte i mari poco profondi si estendevano, separando diverse aree, mentre altre volte si prosciugavano fino a scomparire del tutto. Gli animali si diffusero ovunque, e quelli separati dalla deriva dei continenti si svilupparono in diversi modi. Ecco perché il nostro pianeta è abitato da una così straordinaria varietà di creature.

220 milioni di anni fa...

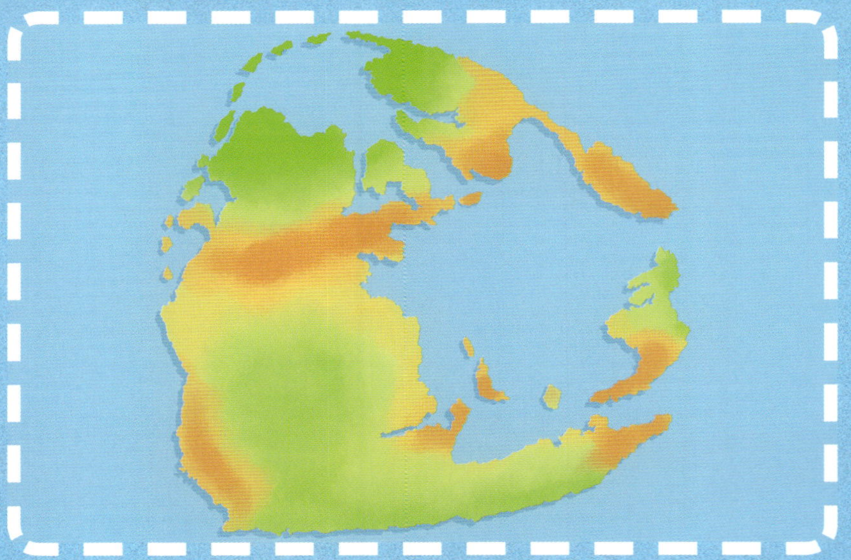

Triassico medio

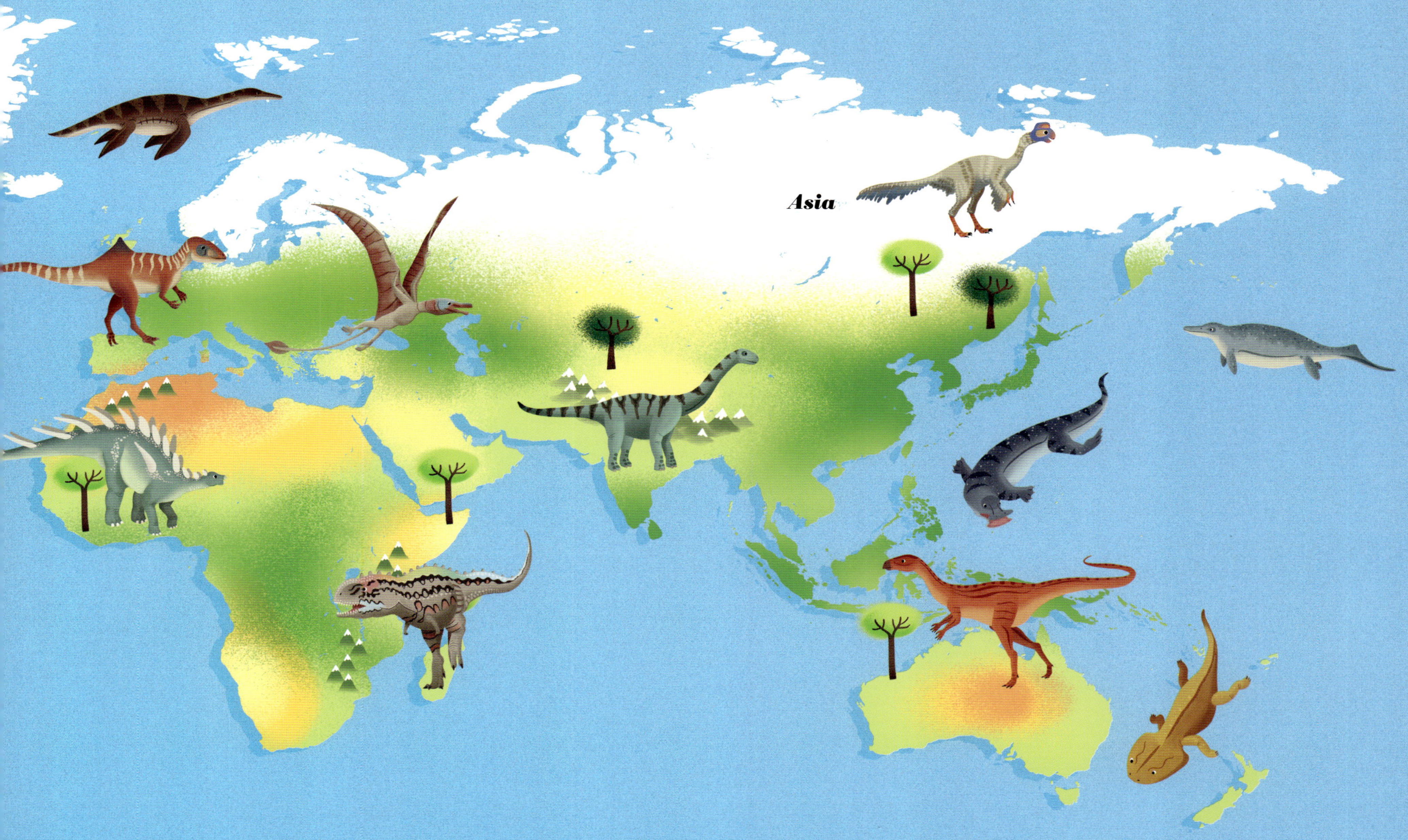

150 milioni di anni fa...

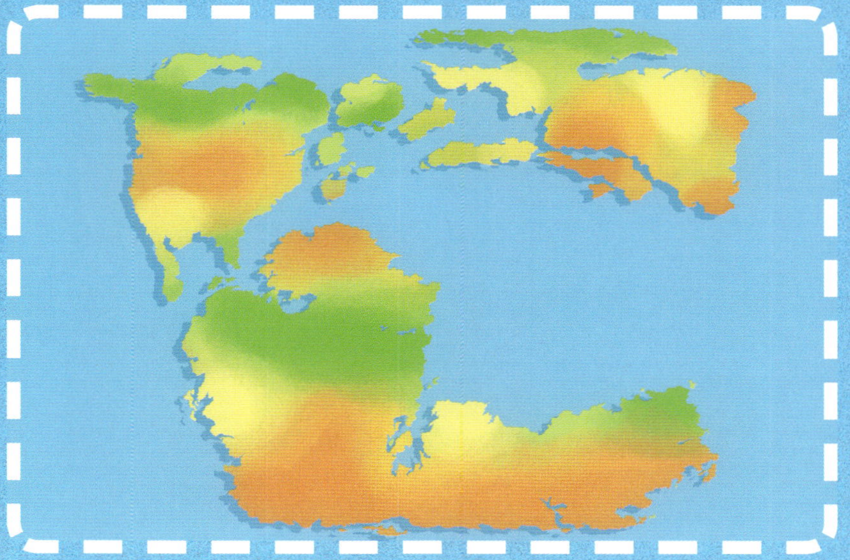

66 milioni di anni fa...

Giurassico superiore

Cretaceo superiore

America del Nord

Alla fine del 1800, l'interesse verso i resti di dinosauro in America del Nord era tale che gli scienziati facevano a gara per procurarsi i fossili migliori. Aggredivano i rivali, si rubavano i ritrovamenti, corrompevano le squadre di lavoro: un comportamento vergognoso e indegno, soprattutto per degli scienziati. Questo conflitto, conosciuto come "la guerra delle ossa", ci ha permesso di sapere di più sui dinosauri vissuti nell'odierna America del Nord rispetto a tutti gli altri.

Dopo la divisione della Pangea nel Giurassico inferiore, le terre emerse che sarebbero diventate l'America del Nord rimasero in buona parte isolate e svilupparono la propria popolazione di dinosauri. Ogni tanto, per brevi periodi, si congiungevano all'America del Sud e all'Asia. È in queste occasioni che diverse specie di dinosauri arrivarono da altri continenti.

Alla fine del Cretaceo, il continente venne diviso in due da un mare poco profondo che andava da nord a sud. I resti di dinosauro di quel periodo variano molto a seconda della zona.

Conosci i dinosauri

1. **Ugrunaaluk** // Alaska, USA // *Cretaceo*
2. **Euoplocephalus** // Alberta, Canada // *Cretaceo*
3. **Tyrannosaurus** // Montana, USA // *Cretaceo*
4. **Camarasaurus** // Midwest, USA // *Giurassico*
5. **Stegosaurus** // Midwest, USA // *Giurassico*
6. **Coelophysis** // New Mexico, USA // *Giurassico*
7. **Hadrosaurus** // New Jersey, USA // *Cretaceo*
8. **Anchisaurus** // Connecticut, USA // *Triassico*

CARTA DI IDENTITÀ
TYRANNOSAURUS

PESO	6 tonnellate
DIMENSIONI	12,3 m di lunghezza
DIETA	Carnivoro
CURIOSITÀ	Il *Tyrannosaurus* aveva robuste zampe posteriori che gli permettevano di raggiungere una velocità di 32 km/h sulle brevi distanze. Il suo nome significa "lucertola tiranna" ed è probabilmente il dinosauro più conosciuto al mondo.

Ai piedi delle Montagne Rocciose

Sappiamo molto dei dinosauri più recenti che popolarono la pianura costiera ai piedi delle Montagne Rocciose alla fine del Cretaceo.

Il paesaggio di allora ci sarebbe stato abbastanza familiare, visto che molte delle piante moderne avevano già fatto la loro comparsa. C'erano boschi di alberi come querce, cipressi e magnolie. Tuttavia, l'erba scarseggiava. Non c'erano ampie distese erbose come quelle di oggi, che apparvero solo molto tempo dopo l'estinzione dei dinosauri. Di conseguenza, non c'erano dinosauri che si cibavano di erba.

In America del Nord, i sauropodi dal collo lungo scomparvero all'inizio del Cretaceo. Tuttavia, alla fine dello stesso periodo, quando l'America del Sud si unì a quella del Nord, un genere di sauropode chiamato Alamosaurus *migrò qui.*

Molti grandi dinosauri vivevano qui. L'enorme carnivoro Tyrannosaurus *si confrontava con il suo nemico dai tre corni, il* Triceratops.

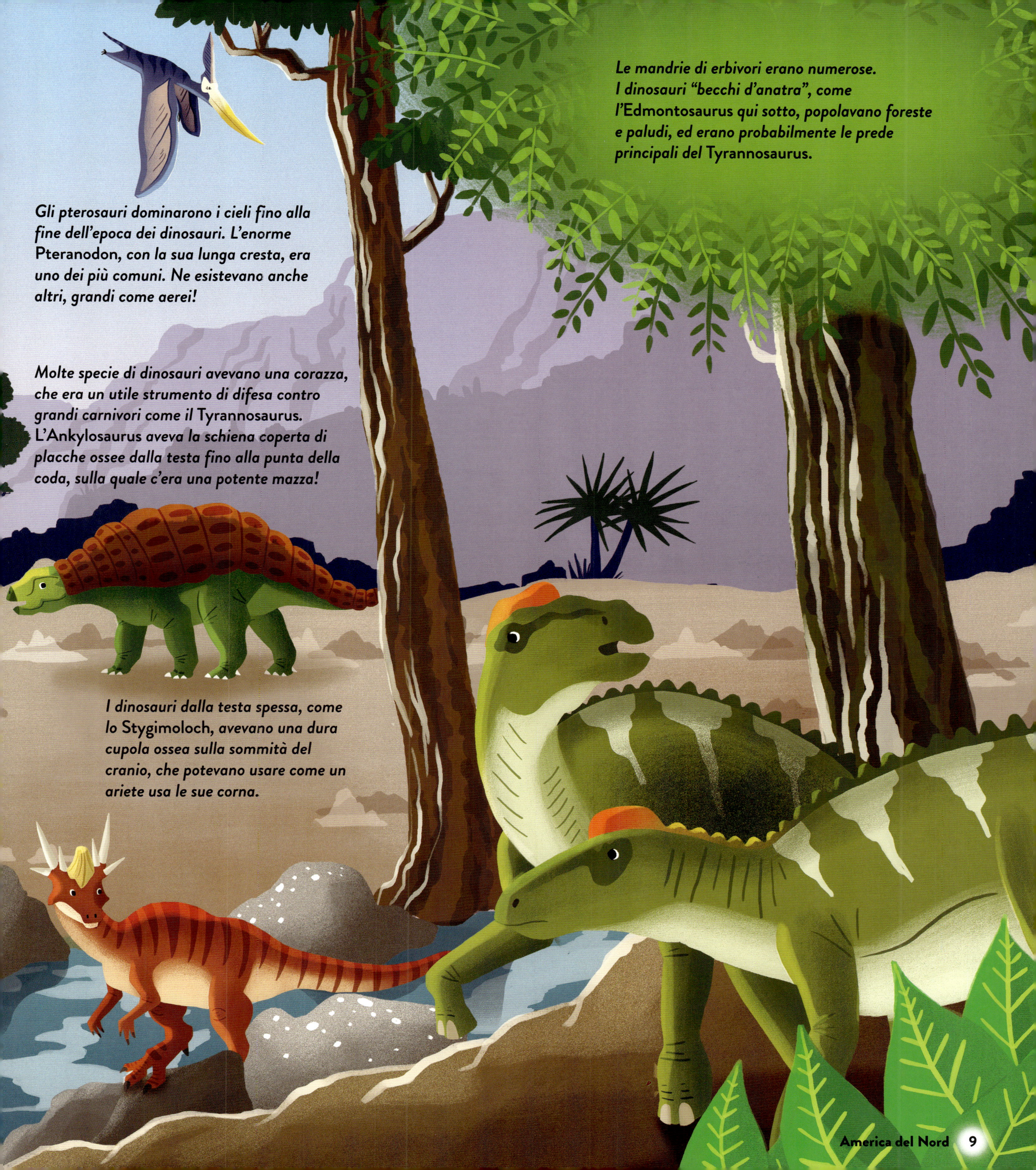

Le mandrie di erbivori erano numerose. I dinosauri "becchi d'anatra", come l'Edmontosaurus qui sotto, popolavano foreste e paludi, ed erano probabilmente le prede principali del Tyrannosaurus.

Gli pterosauri dominarono i cieli fino alla fine dell'epoca dei dinosauri. L'enorme Pteranodon, con la sua lunga cresta, era uno dei più comuni. Ne esistevano anche altri, grandi come aerei!

Molte specie di dinosauri avevano una corazza, che era un utile strumento di difesa contro grandi carnivori come il Tyrannosaurus. L'Ankylosaurus aveva la schiena coperta di placche ossee dalla testa fino alla punta della coda, sulla quale c'era una potente mazza!

I dinosauri dalla testa spessa, come lo Stygimoloch, avevano una dura cupola ossea sulla sommità del cranio, che potevano usare come un ariete usa le sue corna.

Scaviamo ancora...

Altri dinosauri dall'America del Nord

Un aspetto diverso

A sinistra, una ricostruzione di come si pensava fosse il *Tyrannosaurus:* postura eretta, tre dita e una lunga coda che trascinava sul terreno. Il famoso scheletro al Museo di Storia Naturale americano è stato costruito partendo dai resti degli unici due scheletri conosciuti nel 1915. Oggi, grazie a circa 50 scheletri e altri resti, sappiamo che era più simile al disegno qui a destra.

La guerra delle ossa

Negli anni '80 del 1800, ci fu una grande gara alla ricerca di nuovi fossili di dinosauro in America del Nord. Vi parteciparono così tante persone che tutto il Midwest è oggi punteggiato da famosi scavi paleontologici. Molti di questi siti sono aperti al pubblico, come il *Dinosaur National Monument* (a destra) al confine tra Utah e Colorado, USA.

Conservati nelle rocce

In uno scheletro completo di dinosauro, collo e coda sono spesso rivolti all'indietro: questo perché il corpo si seccava prima di essere sepolto. Alla fine del Cretaceo, molti dinosauri struzzo come l'*Ornithomimus* popolavano l'America del Nord, ma è raro trovare esemplari così ben conservati.

Le piste dei dinosauri

Dinosaur Ridge, a ovest di Denver, USA, conserva centinaia di orme di dinosauro. Molte appartengono ai dinosauri erbivori che migravano verso nord e sud lungo la spiaggia di un mare che si è poi prosciugato. Ci sono anche orme di carnivori diretti a est e a ovest. Questi predatori sbucavano dalle foreste circostanti e attaccavano gli erbivori durante le migrazioni.

Europa

Nel Giurassico superiore, in piena epoca dei dinosauri, l'Europa era coperta da un mare poco profondo punteggiato da isole e isolette. Su alcune di queste isole vivevano piccoli dinosauri: le dimensioni ridotte permettevano loro di sopravvivere dove il cibo scarseggiava.

Prima di ciò, nel Triassico, il continente era parte del supercontinente desertico della Pangea. Formazioni arenarie e terreni fangosi dei fiumi di quell'epoca contenenti i fossili dei primi dinosauri e di altre creature si trovano in Scozia, Svizzera e dell'Italia settentrionale.

Le rocce marine e i fossili del Giurassico sono molto più diffusi, e le formazioni calcaree delle lagune poco profonde della Germania contengono i fossili del primo uccello, l'*Archaeopteryx*. Durante il Cretaceo, il mare diventò più profondo e si formarono spessi strati di gesso, come quelli che ora caratterizzano la costa del canale della Manica.

Ecco perché tra i fossili europei ci sono molte più creature marine che dinosauri terrestri. Lo studio dei dinosauri iniziò proprio in Europa, grazie a scienziati dell'epoca vittoriana. Il *Megalosaurus* e l'*Iguanodon* furono i primi dinosauri a essere scoperti e studiati in Inghilterra.

Conosci i dinosauri

1. **Ichthyosaurus** // Regno Unito e Germania // *Cretaceo*
2. **Iguanodon** // Belgio e Inghilterra // *Cretaceo*
3. **Megalosaurus** // Regno Unito // *Giurassico*
4. **Mosasaurus** // Paesi Bassi // *Cretaceo*
5. **Archaeopteryx** // Germania // *Giurassico*
6. **Magyarosaurus** // Romania // *Cretaceo*
7. **Plateosaurus** // Germania e Svizzera // *Triassico*
8. **Hypselosaurus** // Francia // *Cretaceo*
9. **Sauropode** // Francia // *Cretaceo*
10. **Concavenator** // Spagna // *Cretaceo*
11. **Eudimorphodon** // Italia // *Triassico*

CARTA DI IDENTITÀ
ARCHAEOPTERYX

PESO	1 kg
DIMENSIONI	50 cm
DIETA	Carnivoro
CURIOSITÀ	L'*Archaeopteryx* mostra somiglianze sia con gli uccelli che con i dinosauri non aviari: per questo è stato a lungo considerato un collegamento tra le due specie.

L'isola del Portogallo

Nel Giurassico superiore, l'area dell'odierno Portogallo era una delle isole più grandi d'Europa. A quel tempo era caratterizzata da un clima temperato e umido, molto diverso da quello arido del precedente periodo Triassico. La vegetazione cresceva rigogliosa in foreste di conifere e felci arboree.

Questo accadeva non lontano dal margine continentale da cui l'America del Nord si era staccata e allontanata verso nord-ovest pochi milioni di anni prima. Ecco perché molti dei dinosauri vissuti qui all'epoca somigliavano tanto a quelli dell'America del Nord. Se avessimo portato un dinosauro nordamericano in Portogallo nel Giurassico superiore, sarebbe stato a suo agio e avrebbe trovato cibo in abbondanza!

Il Lusotitan *era parente del* Brachiosaurus*: era un erbivoro dal collo lungo, con cui raggiungeva le foglie più alte degli alberi per sfamarsi.*

Il Dracopelta *fu uno dei primi anchilosauri, o dinosauri corazzati. Le placche di cui era ricoperto il dorso formavano una corazza difficile da penetrare per i carnivori.*

Il Miragaia *era uno stegosauro, cioè un dinosauro con le placche. Se non fosse per il collo lungo, sarebbe molto simile al suo cugino nordamericano* Stegosaurus*.*

I cieli erano pieni di rettili volanti: lo pterosauro Rhamphorhynchus, dalle ali strette e la coda lunga, era uno di questi. Erano diffusi in tutta Europa.

I dinosauri teropodi carnivori, come l'enorme Allosaurus e il cornuto Ceratosaurus, il terrore dell'antico Portogallo, erano identici ai loro contemporanei trovati in America del Nord.

I grandi sauropodi erano una riserva di carne importante per i carnivori. Venivano spesso uccisi da grandi dinosauri come l'Allosaurus, che mangiava solo le parti interne e lasciava la carcassa da finire ad animali più piccoli come il Ceratosaurus.

Scaviamo ancora... Altri dinosauri dall'Europa

Il primo dinosauro

Il primo fossile di dinosauro a essere scientificamente studiato fu l'osso di una mascella inferiore completa di denti. Il professor Buckland di Oxford, nel 1826, stabilì che era la mascella di una lucertola gigante che chiamò *Megalosaurus*. L'aspetto dell'intero animale era però sconosciuto, si potevano fare solo ipotesi. Oggi sappiamo che si trattava di un tipico dinosauro carnivoro.

Mary Anning, la cercatrice di fossili

Mary Anning fu un'esperta collezionista di fossili dall'adolescenza fino alla sua morte nel 1847, a 47 anni. Fu la prima a estrarre rettili marini giganti sulle coste dell'Inghilterra meridionale, molti dei quali sono custoditi oggi al Museo di Storia Naturale di Londra.

Il primo a volare

Il primo fossile di uccello appartiene all'Archaeopteryx, rinvenuto in una cava della Germania meridionale negli anni '60 del 1800. Era fatto come un piccolo dinosauro, con denti, dita artigliate e una lunga coda. Era dotato di piume, tra cui lunghe penne remiganti che formavano ali da uccello. La scoperta fu talmente importante da essere celebrata con un francobollo tedesco (sopra) negli anni '70.

Una scoperta straordinaria

Si è capito per la prima volta che aspetto avesse un dinosauro quando alcuni minatori scoprirono circa 40 scheletri quasi completi in una miniera di carbone in Belgio nel 1878. Questi animali erano grandi erbivori dalla testa piccola, la coda lunga e zampe posteriori più grosse delle anteriori.

Dinosauri acquatici

Non avremmo mai saputo che il rettile acquatico *Ichthyosaurus* aveva pinne sul dorso e sulla coda se non fosse stato per questi fossili meravigliosamente conservati rinvenuti in una cava in Germania.

Asia

Come la Pangea nel Triassico, l'odierna Asia è così grande e il suo centro così lontano dal mare che è prevalentemente desertica. I deserti sono luoghi ideali per trovare fossili di dinosauro, perché privi di vegetazione che possa nasconderli. Molti ritrovamenti sono stati fatti proprio in Asia centrale.

Nel Cretaceo, l'India era un'isola che si era staccata dall'Africa. Dopo aver vagato in mezzo all'oceano per molto tempo, si unì all'Asia. Ecco perché oggi in India si trovano i resti delle specie africane di dinosauri, molto diverse da quelle che popolavano il resto dell'Asia.

Alcuni dei più famosi giacimenti asiatici si trovano in Cina. Qui, all'inizio del Cretaceo, nei crateri vulcanici si formarono molti laghi. I sedimenti dei laghi hanno conservato talmente bene i resti di piccoli dinosauri e uccelli primitivi che è stato possibile studiare persino le loro piume.

Alla fine del Cretaceo, la punta orientale del continente era collegata all'estremità nord-occidentale dell'America del Nord. Questo significa che i dinosauri del Cretaceo superiore, come gli antenati del *Tyrannosaurus* e del *Triceratops*, potevano spostarsi da un continente all'altro.

CARTA DI IDENTITÀ

OVIRAPTOR

PESO	30 kg
DIMENSIONI	1,5 m
DIETA	Uova
CURIOSITÀ	*Oviraptor* significa "ladro di uova", perché inizialmente si pensava che rubasse e mangiasse le uova di altri dinosauri. Fu dimostrato che l'esemplare da cui era partita questa teoria stava in realtà covando le proprie uova.

Conosci i dinosauri

1. **Alioramus** // Mongolia // *Cretaceo*
2. **Protoceratops** // Mongolia // *Cretaceo*
3. **Oviraptor** // Mongolia // *Cretaceo*
4. **Microraptor** // Cina del nord-est // *Cretaceo*
5. **Protarchaeopteryx** // Cina del nord-est // *Cretaceo*
6. **Mamenchisaurus** // Cina centrale // *Giurassico*
7. **Tuojiangosaurus** // Cina centrale // *Giurassico*
8. **Barapasaurus** // India // *Giurassico*

I primi uccelli

Nel Cretaceo inferiore, la Cina era ricca di vulcani. Quando questi smisero di essere attivi, lasciarono dei crateri vuoti che si trasformarono in laghi. I gas vulcanici rendevano i fondali dei laghi velenosi e privi di esseri viventi che potessero mangiare i corpi delle creature che vi cadevano. Così, gli esseri morti in questi laghi si sono conservati perfettamente: si tratta di minuscoli dinosauri, uccelli primitivi e piccoli animali che sembrano essere una via di mezzo tra i due.

I laghi erano circondati da una vegetazione rigogliosa, fonte di cibo per tutti gli animali di cui sono stati rinvenuti i fossili.

Il più piccolo dinosauro conosciuto, il Microraptor, *era grande quanto un piccione, aveva le penne sulle zampe anteriori e posteriori. Probabilmente non volava, ma sapeva planare di albero in albero.*

Uccelli primitivi come il Confuciusornis, *con due lunghe penne sulla coda, sorvolavano i laghi.*

Molti piccoli dinosauri locali erano dotati di piumaggio: il Beipiaosaurus, *grande quanto uno struzzo, il* Sinosauropteryx *dalla coda a strisce e il* Caudipteryx, *con le braccia simili ad ali.*

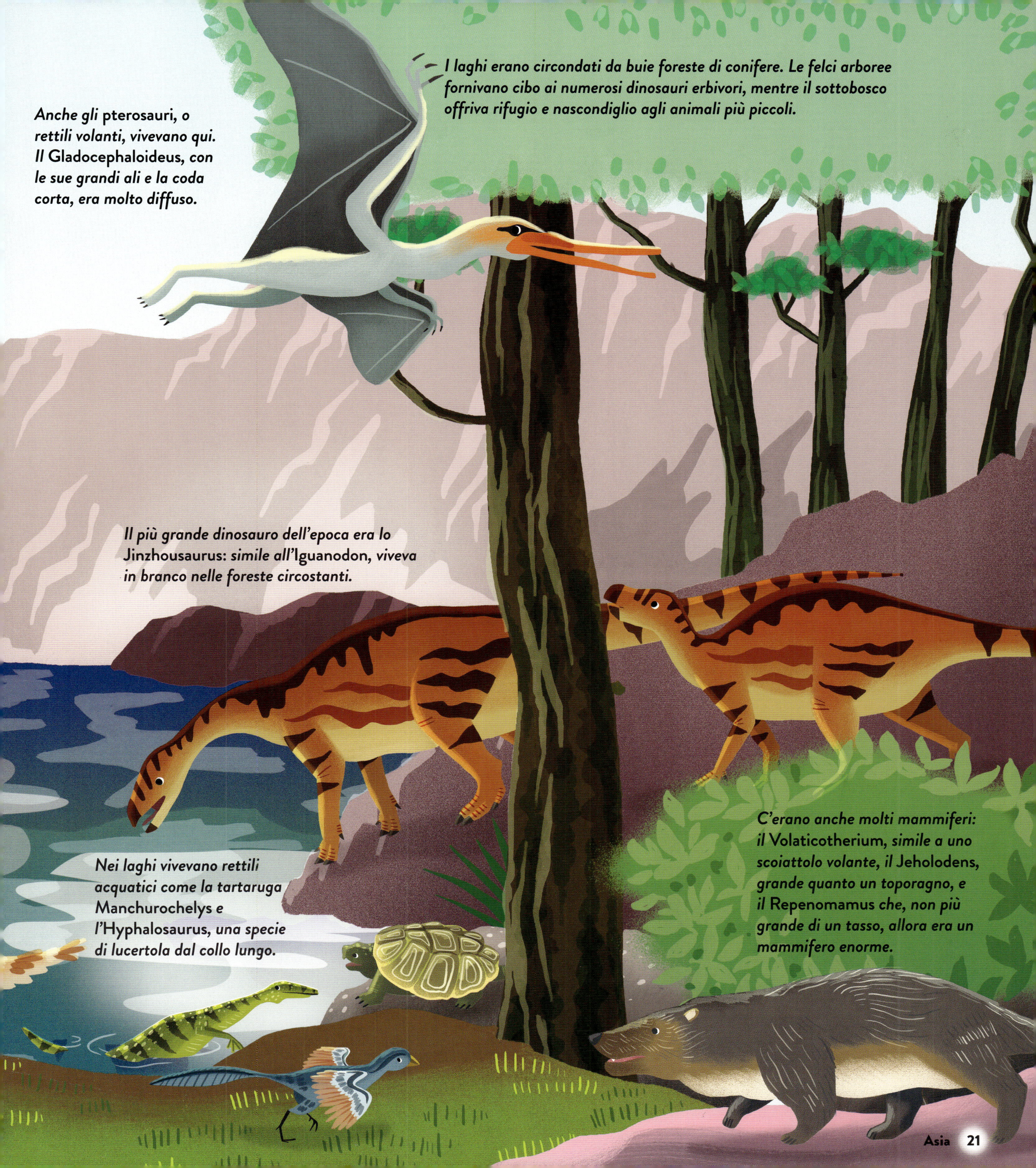

Anche gli pterosauri, o rettili volanti, vivevano qui. Il Gladocephaloideus, *con le sue grandi ali e la coda corta, era molto diffuso.*

I laghi erano circondati da buie foreste di conifere. Le felci arboree fornivano cibo ai numerosi dinosauri erbivori, mentre il sottobosco offriva rifugio e nascondiglio agli animali più piccoli.

Il più grande dinosauro dell'epoca era lo Jinzhousaurus: *simile all'*Iguanodon, *viveva in branco nelle foreste circostanti.*

Nei laghi vivevano rettili acquatici come la tartaruga Manchurochelys *e l'*Hyphalosaurus, *una specie di lucertola dal collo lungo.*

C'erano anche molti mammiferi: il Volaticotherium, *simile a uno scoiattolo volante, il* Jeholodens, *grande quanto un toporagno, e il* Repenomamus *che, non più grande di un tasso, allora era un mammifero enorme.*

Scaviamo ancora...
Altri dinosauri dall'Asia

Braccia mostruose

Nel 1965, due gigantesche braccia fossili di dinosauro dotate di artigli enormi furono ritrovate in Mongolia. Furono attribuite al *Deinocheirus*, il cui nome significa "braccia mostruose". Per decenni, nessuno riuscì a capire com'era fatto, finché nel 2014 non furono trovati uno scheletro e un cranio simile a quello di un'anatra. Ora sappiamo che doveva avere un aspetto davvero bizzarro.

Dinosauri piccolissimi

Nel nord-est della Cina, ci sono numerosi giacimenti fossiliferi che nel Cretaceo inferiore erano laghi vulcanici. Le acque velenose di questi laghi hanno restituito i corpi perfettamente conservati dei piccoli animali che ci sono caduti dentro. Qui sono stati trovati i resti fossili di minuscoli dinosauri piumati come il *Microraptor*, grande quanto un piccione e con quattro ali che usava per planare.

La nascita di una leggenda

Fossili di *Protoceratops*, uno dei primi dinosauri cornuti lungo circa 2 m, sono un ritrovamento così comune in Asia che i paleontologi l'hanno soprannominato "la pecora del Cretaceo". È possibile che il suo becco d'aquila abbia dato origine alla leggenda del grifone, una creatura mitologica con il corpo di leone e la testa d'aquila.

I sauropodi asiatici

Nel Giurassico medio, la Cina meridionale era un luogo ideale per gli erbivori dal collo lungo. Nelle cave locali ne sono stati rinvenuti di ogni specie: l'*Omeisaurus*, dal collo incredibilmente lungo, e lo *Shunosaurus*, con una mazza spinosa sulla coda. Questo francobollo azerbaigiano del 1994 raffigura animali preistorici come l'*Omeisaurus*, il *Phobetor* e lo *Yangchuanosaurus*.

Oceania

L'Oceania è formata da Australia, Nuova Zelanda, Nuova Guinea, e una serie di piccole isole. La sua attuale conformazione risale a tempi recenti, visto che alla fine dell'epoca dei dinosauri formava ancora un tutt'uno con l'odierna Antartide.

La calotta glaciale non esisteva ai tempi dei dinosauri, anche se già allora la regione era la più fredda del mondo. Nel Giurassico, l'Antartide era coperta da foreste di conifere e i dinosauri che vivevano qui erano in grado di sopportare temperature rigide.

Alcuni sauropodi dal collo lungo di cui sono stati ritrovati i fossili in Australia fanno parte della stessa famiglia di quelli dell'America del Sud. I loro antenati erano migrati attraversando l'Antartide quando i continenti erano tutti uniti, e quando l'Antartide diventò troppo fredda per essere attraversata, i due gruppi si separarono dando vita a diverse specie.

Nel Cretaceo, l'Australia aveva appena iniziato a staccarsi dall'Antartide e tra le due si stavano formando fosse tettoniche lunghe e profonde. Molti fossili australiani appartengono ad animali che vivevano lungo i margini di questa spaccatura.

Conosci i dinosauri

1. **Atlascopcosaurus** // Victoria, Dinosaur Cove // *Cretaceo*
2. **Australovenator** // Queensland // *Cretaceo*
3. **Savannasaurus** // Queensland // *Cretaceo*
4. **Diamantinasaurus** // Queensland // *Cretaceo*
5. **Kronosaurus** // Queensland // *Cretaceo*
6. **Minmi** // Queensland // *Cretaceo*
7. **Kakuru** // Andamooka // *Cretaceo*
8. **Serendipaceratops** // Victoria, Bass Coast // *Cretaceo*
9. **Leaellynasaura** // Victoria, Dinosaur Cove // *Cretaceo*
10. **Ausktribosphenos** // Victoria, Bass Coast // *Cretaceo inferiore*
11. **Koolasuchus** // Victoria, Bass Coast // *Cretaceo*
12. **Antarctopelta** // Antartide, Isola di James Ross // *Cretaceo*
13. **Morrosaurus** // Antartide, Isola di James Ross // *Giurassico*
14. **Trinisaura** // Antartide, Isola di James Ross // *Cretaceo*

CARTA DI IDENTITÀ

MINMI

PESO	1600 kg
DIMENSIONI	3 m di lunghezza
DIETA	Erbivoro
CURIOSITÀ	Questi piccoli dinosauri corazzati avevano braccia lunghe per essere anchilosauri. Si nutrivano di piante basse e le loro impronte indicano che erano molto lenti.

La valle tra l'Oceania e l'Antartide

Questa fossa tettonica separò presto l'Australia dall'Antartide. Piccoli erbivori bipedi scorrazzavano per il continente in cerca di vegetazione sotto le prime nevi. Erano facili prede di piccoli teropodi carnivori che erano dotati di piumaggio per proteggersi dal freddo. Anche gli pterosauri volanti erano protetti da una calda pelliccia. Gli animali più grandi – i grossi carnivori e i sauropodi erbivori dal collo lungo – riuscivano a scaldare il corpo enorme senza l'ausilio di piume o pellicce. Gli scienziati hanno trovato fossili di tane abbastanza capienti da ospitare un piccolo dinosauro: questo suggerisce che alcuni di loro andassero in letargo d'inverno, come fanno alcuni animali dei giorni nostri.

I dinosauri più grandi erano i sauropodi dal collo lungo come l'Austrosaurus, *che mangiavano le foglie delle alte conifere.*

L'Atlascopcosaurus *era un erbivoro bipede abbastanza grande.*

Il piccolo Leaellynasaura *era un dinosauro erbivoro bipede con una lunga coda.*

Gli pterosauri alati volavano nei cieli dell'Oceania come nel resto del mondo. L'Aussiedraco era tipico di questi continenti meridionali.

Sono stati trovati resti di un grosso carnivoro che potrebbe essere una specie di Allosaurus. Era un po' più piccolo e visse più a lungo degli altri esemplari di Allosaurus che popolavano l'Europa e l'America del Nord.

Si ritiene che il piccolo carnivoro Timimus fosse dotato di piume.

Il Leaellynasaura dalla coda lunga era un dinosauro erbivoro bipede con occhi molto grandi, che gli permettevano di vedere nell'oscurità delle lunghe notti invernali del sud del pianeta.

Scaviamo ancora... Altri dinosauri dall'Oceania

Il supercontinente

I diversi luoghi di ritrovamento dei fossili di animali che popolavano l'Antartide dimostrano che faceva parte di un continente molto più grande. Il *Lystrosaurus* era un rettile lungo 1,2 m simile a un ippopotamo, vissuto appena prima dei dinosauri: i suoi fossili sono stati trovati in Antartide, Africa del Sud e India.

Un deserto d'acqua

Nel Cretaceo inferiore, i deserti dell'Australia erano occupati da acque poco profonde. Qui sono stati rinvenuti i resti del rettile marino *Kronosaurus*, che aveva la testa più grande di qualsiasi altro rettile marino: era lunga ben 2,7 m! Sfortunatamente, non si sa abbastanza del resto dello scheletro per poter stimare la sua lunghezza complessiva, anche se gli scienziati ritengono che potesse andare dai 9 ai 13 m.

Una bella passeggiata

Il *Diamantinasaurus* era un sauropode tipico dell'Australia del Cretaceo e un parente stretto di quelli dell'America del Sud. Questo suggerisce che i suoi antenati siano arrivati in Australia dall'America del Sud attraverso il continente antartico, quando il clima era abbastanza caldo da poter permettere il passaggio. Quando si fece più freddo, le due popolazioni di dinosauri si separarono l'una dall'altra.

Lunghe notti invernali

Fossili di *Leaellynasaura*, un piccolo erbivoro bipede, sono stati trovati nelle rocce di una rupe sulla costa di Victoria, in Australia. Questo dinosauro visse nel Cretaceo inferiore, quando l'Australia si trovava nel circolo polare antartico.
I suoi grandi occhi dimostrano che si era adattato a vivere nelle lunghe e fredde notti antartiche.

Orme su orme

Le coste rocciose di Broome, in Australia occidentale, sono famose per la scoperta di oltre venti diversi tipi di orme fossili di dinosauro risalenti al Cretaceo inferiore. Molte si vedono solo quando c'è bassa marea: per permettere a tutti di ammirarle, sono state riprodotte sulla sommità delle scogliere. Le orme di dinosauro più grandi al mondo, lunghe oltre un metro, sono state trovate qui, e appartengono a un sauropode.

Africa

Quando apparvero i dinosauri, il mondo era molto diverso da come lo conosciamo oggi. All'inizio dell'epoca dei dinosauri, quasi tutte le terre emerse del nostro pianeta facevano parte di un unico continente gigante: un supercontinente chiamato Pangea. Al centro di questo supercontinente c'era la zona che sarebbe diventata l'Africa. Questo accadeva in un periodo chiamato Triassico, 250-200 milioni di anni fa.

CARTA DI IDENTITÀ

MAJUNGASAURUS

PESO	1.100 kg
DIMENSIONI	6,5 m
DIETA	Carnivoro
CURIOSITÀ	La forma del cranio di questi dinosauri indica che cacciavano in un modo simile alle odierne tigri, che mordono la preda e la trattengono finché non soccombe.

Successivamente, la Pangea iniziò a spaccarsi. Nel Giurassico, 200-145 milioni di anni fa, il paesaggio era caratterizzato da profonde fessure (come la Great Rift Valley che troviamo in Africa oggi). Mari come l'odierno Mar Rosso si infilarono in queste spaccature e le terre emerse iniziarono a dividersi, formando i continenti attuali.

Già nel Cretaceo, da 145 milioni di anni fa fino alla fine dell'epoca dei dinosauri 66 milioni di anni fa, la maggior parte dei continenti di oggi era costituita da masse terrestri separate.

L'Africa rimase al centro, mentre l'America del Nord si allontanò verso nord-ovest, l'America del Sud verso sud-ovest, l'Europa e l'Asia verso il nord-est e l'Oceania verso sud. I dinosauri che si erano evoluti sulla Pangea si dispersero su queste masse terrestri, e sono proprio loro a essersi trasformati nei diversi tipi di fossili che troviamo oggi nei vari continenti.

Oceano Atlantico meridionale

Conosci i dinosauri

1. **Spinosaurus** // Egitto e Marocco // *Cretaceo*
2. **Paralititan** // Egitto // *Cretaceo*
3. **Ouranosaurus** // Niger // *Cretaceo*
4. **Afrovenator** // Niger // *Giurassico*
5. **Kentrosaurus** // Tanzania // *Giurassico*
6. **Giraffatitan** // Tanzania // *Giurassico*
7. **Coelophysis** // Zimbabwe // *Giurassico*
8. **Majungasaurus** // Madagascar & India // *Cretaceo*
9. **Pulanesaura** // Africa del Sud // *Giurassico*
10. **Heterodontosaurus** // Africa del Sud // *Giurassico*
11. **Massospondylus** // Africa del Sud // *Giurassico*

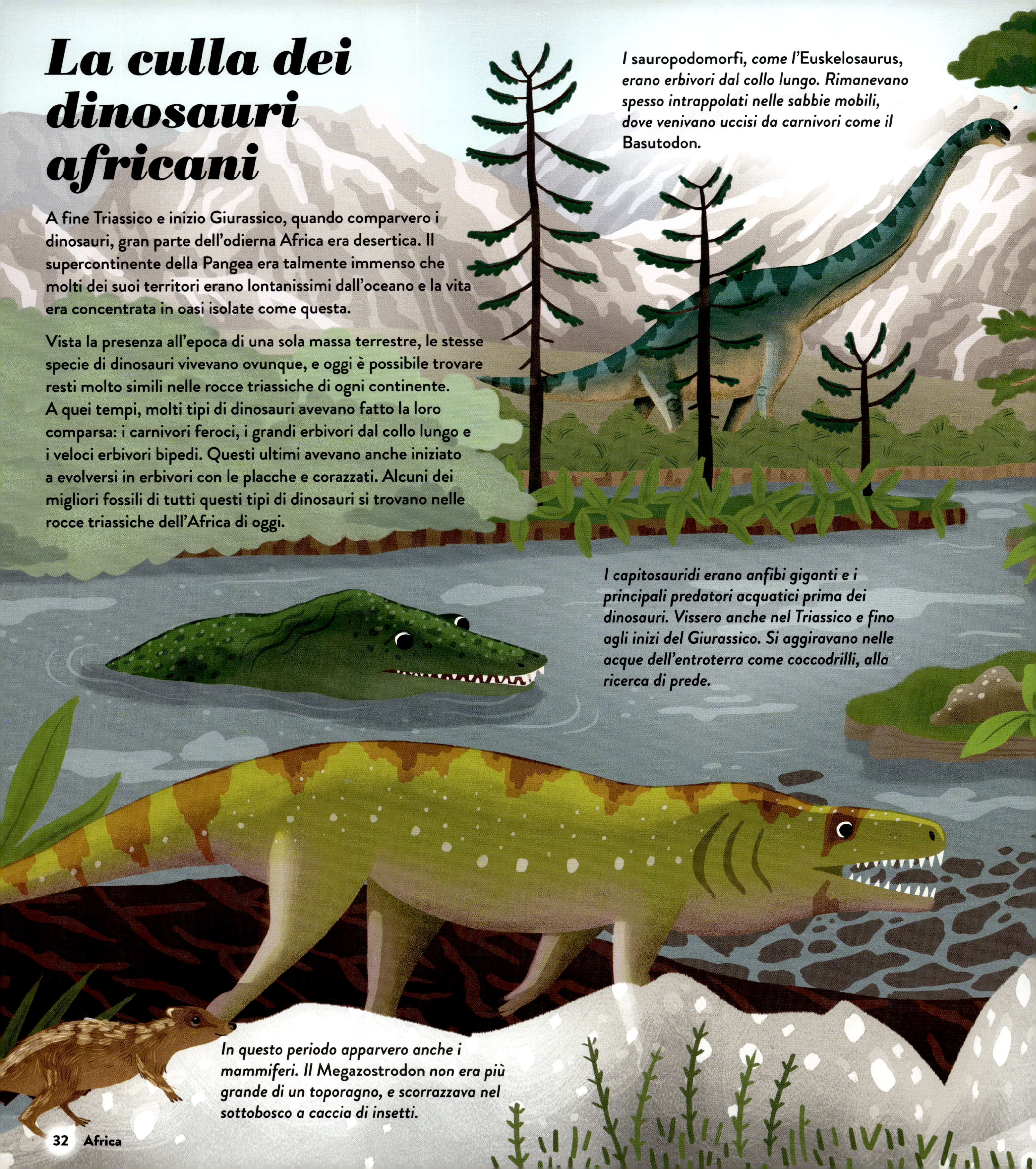

La culla dei dinosauri africani

A fine Triassico e inizio Giurassico, quando comparvero i dinosauri, gran parte dell'odierna Africa era desertica. Il supercontinente della Pangea era talmente immenso che molti dei suoi territori erano lontanissimi dall'oceano e la vita era concentrata in oasi isolate come questa.

Vista la presenza all'epoca di una sola massa terrestre, le stesse specie di dinosauri vivevano ovunque, e oggi è possibile trovare resti molto simili nelle rocce triassiche di ogni continente. A quei tempi, molti tipi di dinosauri avevano fatto la loro comparsa: i carnivori feroci, i grandi erbivori dal collo lungo e i veloci erbivori bipedi. Questi ultimi avevano anche iniziato a evolversi in erbivori con le placche e corazzati. Alcuni dei migliori fossili di tutti questi tipi di dinosauri si trovano nelle rocce triassiche dell'Africa di oggi.

I sauropodomorfi, come l'Euskelosaurus, erano erbivori dal collo lungo. Rimanevano spesso intrappolati nelle sabbie mobili, dove venivano uccisi da carnivori come il Basutodon.

I capitosauridi erano anfibi giganti e i principali predatori acquatici prima dei dinosauri. Vissero anche nel Triassico e fino agli inizi del Giurassico. Si aggiravano nelle acque dell'entroterra come coccodrilli, alla ricerca di prede.

In questo periodo apparvero anche i mammiferi. Il Megazostrodon non era più grande di un toporagno, e scorrazzava nel sottobosco a caccia di insetti.

A differenza dei mostri enormi venuti dopo di loro, i primi dinosauri carnivori erano piccoli. Il Coelophysis, grande quanto una volpe, cacciava in branco.

A quei tempi, uno dei dinosauri carnivori più grandi dell'Africa era il Dracovenator, lungo 6 m.

Dopo i sauropodomorfi comparvero i sauropodi. L'Antetonitrus aveva le dimensioni di una mucca, ma i suoi discendenti sono diventati gli animali terrestri più grandi mai esistiti.

Scaviamo ancora...
Altri dinosauri dall'Africa

Un ritrovamento travagliato

Le ossa di *Spinosaurus*, uno dei dinosauri carnivori più lunghi, furono rinvenute in Egitto durante una spedizione tedesca nel 1922. Purtroppo, l'esemplare andò distrutto quando il museo di Berlino fu bombardato nella Seconda guerra mondiale. Altri resti furono trovati solo nel 2000, quando una squadra americana tornò sul luogo della scoperta.

Denti aguzzi

L'erbivoro sudafricano *Heterodontosaurus* era grande quanto una volpe e aveva tre diversi tipi di denti: denti anteriori taglienti, grossi denti posteriori per sminuzzare, e un paio di zanne sopra e sotto. Denti simili sono comuni nei mammiferi, ma insoliti nei dinosauri. Oltre ad avere questi denti, la bocca terminava con un becco: questo indica che mangiava sia piante che piccoli animali.

Dinosauri cannibali

Il *Majungasaurus* fu uno dei più grandi carnivori del Madagascar. Si nutriva di grandi erbivori... ma anche di suoi simili! Sono state trovate impronte di denti su ossa di *Majungasaurus* che corrispondono ai denti del *Majungasaurus* stesso. Era cannibale!

La giraffa gigante

Dagli anni '20, questo scheletro ricostruito ed esposto a Berlino è il più grande al mondo. Si basa su resti fossili trovati in Tanzania. Tutti pensavano che fosse un *Brachiosaurus*, ma gli scienziati si sono resi conto che è diverso dal primo *Brachiosaurus* trovato negli USA. L'hanno quindi chiamato *Giraffatitan*, giraffa gigante.

CARTA DI IDENTITÀ
SAUROSUCHUS

PESO	2000 kg circa
DIMENSIONI	9 m
DIETA	Carnivoro
CURIOSITÀ	Il *Saurosuchus* fa parte della famiglia dei Loricata, ed è quindi un antico antenato dei coccodrilli.

America del Sud

Dopo la divisione della Pangea, l'America del Sud si ritrovò isolata: un'enorme isola, come l'odierna Australia. E proprio come in Australia oggi, in America del Sud c'erano animali che non esistevano altrove.

Detto questo, alcuni dei primi dinosauri sono stati rinvenuti in America del Sud, nel nord-ovest dell'Argentina. Queste creature vissero nel Triassico, quando la Pangea era ancora unita, ed erano le specie di dinosauri diffuse a quei tempi in tutto il supercontinente.

Verso la fine del Cretaceo, i sauropodi dell'isolata America del Sud si svilupparono e diventarono gli animali terrestri più grandi mai esistiti. Anche qui c'erano carnivori enormi, molto diversi dai grandi carnivori che popolavano altre zone. I fossili di questi dinosauri sono stati ritrovati all'estremità meridionale del continente, in Patagonia.

Nella punta nord-orientale del Brasile c'è un altopiano di rocce che si sono formate nel Cretaceo in una laguna poco profonda. Queste rocce contengono i resti ben conservati di alcuni tra gli pterosauri più impressionanti mai esistiti, con svariati tipi di creste craniche.

Di tanto in tanto, l'America del Sud si congiungeva all'Antartide a sud, e a volte l'America del Nord a nord. In questi periodi, gli animali potevano migrare verso gli altri continenti. Ma per gran parte dell'epoca dei dinosauri, l'America del Sud rimase una grande isola solitaria.

Conosci i dinosauri

1. **Thalassodromeus** // Altopiano di Araripe, Brasile // *Cretaceo*
2. **Caupedactylus** // Altopiano di Araripe, Brasile // *Cretaceo*
3. **Staurikosaurus** // Rio Grande do Sul, Brasile // *Triassico*
4. **Saltasaurus** // Provincia di Salta, Argentina // *Cretaceo*
5. **Pisanosaurus** // Formazione di La Amarga, Argentina // *Triassico*
6. **Panphagia** // Valle della Luna, Argentina // *Triassico*
7. **Ischigualastia** // Valle della Luna, Argentina // *Triassico*
8. **Eoraptor** // Valle della Luna, Argentina // *Triassico*
9. **Saurosuchus** // Valle della Luna, Argentina // *Triassico*
10. **Stagonolepis** // Valle della Luna, Argentina // *Triassico*
11. **Amargasaurus** // Formazione di La Amarga, Argentina // *Cretaceo*
12. **Alvarezsaurus** // Patagonia // *Cretaceo*
13. **Carnotaurus** // Provincia di Chubut, Patagonia // *Cretaceo*
14. **Dreadnoughtus** // Provincia di Santa Cruz, Patagonia // *Cretaceo*

I sauropodi dell'America del Sud appartenevano al gruppo dei Titanosauri. *Alcuni di loro, come l'*Argentinosaurus *e il* Dreadnoughtus, *sono stati gli animali più grandi mai esistiti.*

Altri Titanosauri, *come il* Saltasaurus, *avevano il dorso corazzato.*

I dinosauri dal becco d'anatra, come il Kritosaurus *o il* Telmatosaurus, *arrivarono qui dall'America del Nord in uno dei periodi in cui i due continenti erano uniti.*

Il Titanosauro *deponeva dalle 15 alle 40 uova. Le uova avevano un diametro di 12-14 cm e i nidi erano grandi circa 9 m.*

I terreni di cova argentini

Nella regione argentina della Patagonia si trova un'area che ha rappresentato l'habitat ideale per i sauropodi giganti del Cretaceo superiore. Intere mandrie tornavano qui anno dopo anno per deporre le uova, come fanno le tartarughe oggi.

Questa zona si trovava nella golena di un fiume. Di tanto in tanto, il fiume inondava l'area, seppellendo i nidi e fossilizzandoli. Molti altri animali vivevano nei dintorni, attirati dalla presenza dei nidi e dei piccoli di cui si nutrivano. Nonostante queste minacce, fu un terreno di cova che continuò a essere utilizzato per molto tempo.

Grandi teropodi carnivori come l'Aucasaurus tenevano d'occhio le mandrie di titanosauri, in cerca di esemplari isolati da attaccare.

L'Alvarezsaurus, un piccolo carnivoro dotato di piumaggio, con braccia corte e un solo grande artiglio, probabilmente si nutriva di piccoli di titanosauro.

Scaviamo ancora...

Altri dinosauri dall'America del Sud

Carnivori colossali

Si pensava che il *Tyrannosaurus* fosse il dinosauro carnivoro più grande e feroce di tutti. Finché nel 1995 fu scoperto il *Giganotosaurus* in Argentina. Ancora più grande del *Tyrannosaurus*, il *Giganotosaurus* era il re dell'isolato America del Sud, mentre il *Tyrannosaurus* dominava il nord.

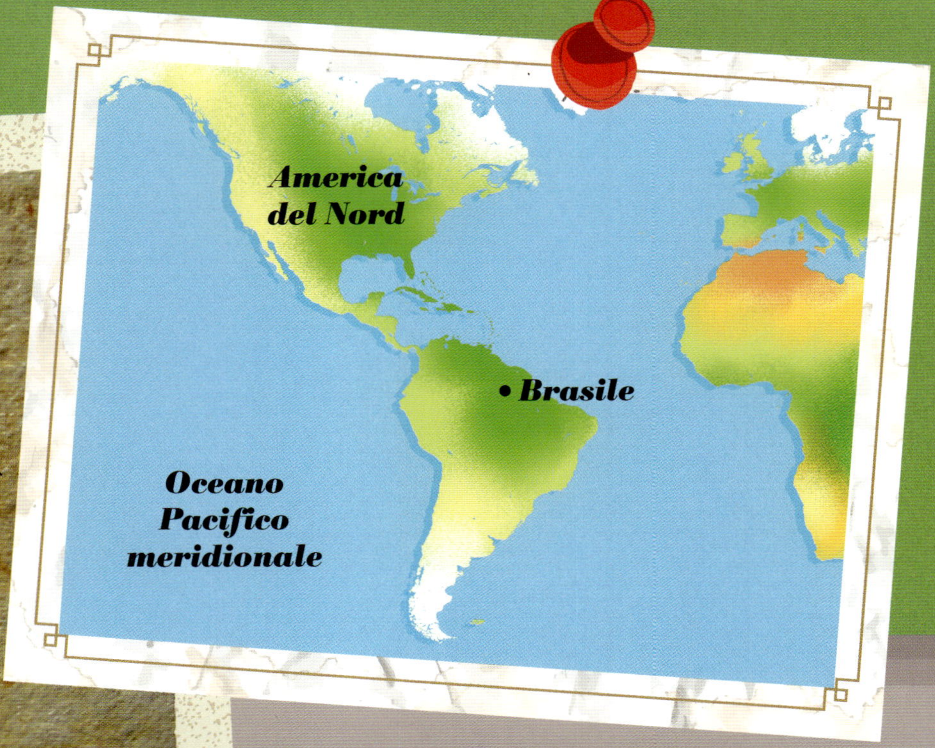

Strani pterosauri

Nel Cretaceo inferiore, l'estremità nord-orientale del Brasile era una laguna dalle acque poco profonde. Le rocce di questa regione formano ora un altopiano e contengono i fossili degli pterosauri più bizzarri, dalla testa e dai denti strani, che popolavano la laguna.

Giganti gentili

In America del Sud erano diffusi i *Titanosauri*, enormi sauropodi considerati tra gli animali terrestri più grandi mai esistiti. L'*Argentinosaurus* si conosce solo grazie a una manciata di fossili, tra cui ossa delle gambe e una vertebra, ma si ritiene che fosse lungo anche 40 m.

Il mondo perduto

Nel 1912, Arthur Conan Doyle pubblicò *The Lost World* ("Il mondo perduto"), un romanzo d'avventura in cui immaginava che alcuni dinosauri vivessero ancora su un altopiano inaccessibile nel nord del Brasile. Ai suoi tempi l'America del Sud non era così conosciuta, e in molti ritennero la cosa plausibile.

Gli oceani

Nella prima parte dell'epoca dei dinosauri, tutti i continenti erano raggruppati in un unico grande supercontinente. Questo significa che quasi tutte le acque del nostro pianeta formavano un unico e gigantesco oceano, la Pantalassa.

A differenza degli animali terrestri confinati in zone limitate, le creature acquatiche si spostano facilmente a nuoto: per questo la vita negli oceani tende a essere più varia. Mentre sono stati trovati diversi tipi di dinosauri in tutti i continenti, gli animali marini erano gli stessi ovunque.

I fossili sono più diffusi nelle rocce formate sui fondali marini che non in quelle formate sulla terra. Questo perché quando un animale moriva sulla terraferma, il suo corpo veniva mangiato dai necrofagi oppure si consumava, senza lasciare resti che potessero fossilizzarsi. Le creature marine invece sprofondavano sul fondale oceanico dove venivano coperte da sedimenti e si conservavano abbastanza a lungo da diventare fossili. Ecco perché sappiamo molto di più sulla vita marina preistorica che sui dinosauri terrestri

Conosci i dinosauri

1. **Macroplata** // Inghilterra // *Giurassico*
2. **Cyamodus** // Germania // *Triassico*
3. **Nothosaurus** // Europa, Africa, Cina // *Triassico*
4. **Ichthyosaurus** // Giappone, Nevada, Colombia // *Triassico*
5. **Askeptosaurus** // Italia // *Triassico*
6. **Liopleurodon** // Francia // *Giurassico*
7. **Dakosaurus** // Germania // *Giurassico*
8. **Machimosaurus** // Tunisia // *Giurassico*
9. **Atopodentatus** // Cina // *Triassico*
10. **Utatsusaurus** // Giappone // *Triassico*
11. **Archelon** // Kansas, USA // *Triassico*
12. **Hesperornis** // Kansas, USA // *Cretaceo superiore*
13. **Shonisaurus** // Nevada, USA // *Triassico*
14. **Elasmosaurus** // Kansas, USA // *Cretaceo superiore*
15. **Muiscasaurus** // Colombia // *Cretaceo inferiore*

Mappa del mondo ai giorni nostri

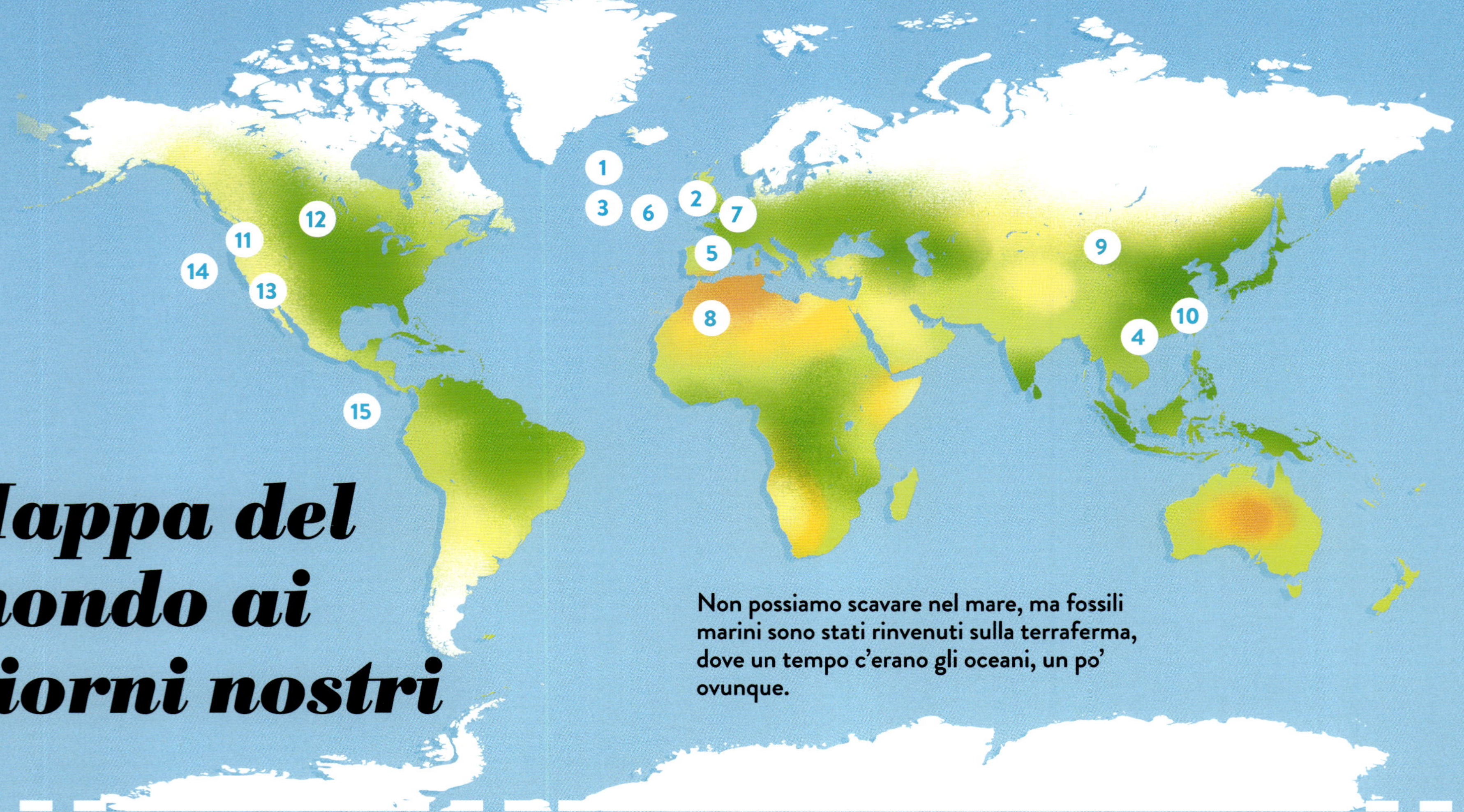

Non possiamo scavare nel mare, ma fossili marini sono stati rinvenuti sulla terraferma, dove un tempo c'erano gli oceani, un po' ovunque.

Rettili oceanici

La ricchezza delle acque poco profonde

Alcuni dei primi studi sui rettili fossilizzati sono stati condotti sulle rocce marine europee del Giurassico superiore e del Cretaceo inferiore. A quei tempi, gran parte dell'Europa era coperta da un mare calmo e dalle acque poco profonde, piene di vita.

Gli animali più grandi dell'epoca erano rettili che si erano adattati alla vita acquatica, sostituendo braccia e gambe con pinne e dando alla luce dei cuccioli invece di deporre le uova. Si cibavano dei numerosi pesci e molluschi che popolavano queste acque.

Nonostante il nome, i gigli di mare non erano piante, ma animali imparentati con le stelle marine. Vivevano sui fondali o agganciati a tronchi galleggianti, catturando minuscoli pezzetti di cibo con le braccia flessibili.

I rettili che meglio si adattarono alla vita acquatica furono gli ittiosauri. Avevano il corpo a forma di pesce, arti simili alle pinne dei delfini, e pinne caudali e dorsali come gli squali. L'Excalibosaurus, con il muso da pescespada, era uno dei tanti.

Nei mari primitivi vivevano pesci enormi. Il Leedsichthys era grande quanto una balena, ma si nutriva di branchi di minuscole creature marine, come fanno gli squali balena oggi.

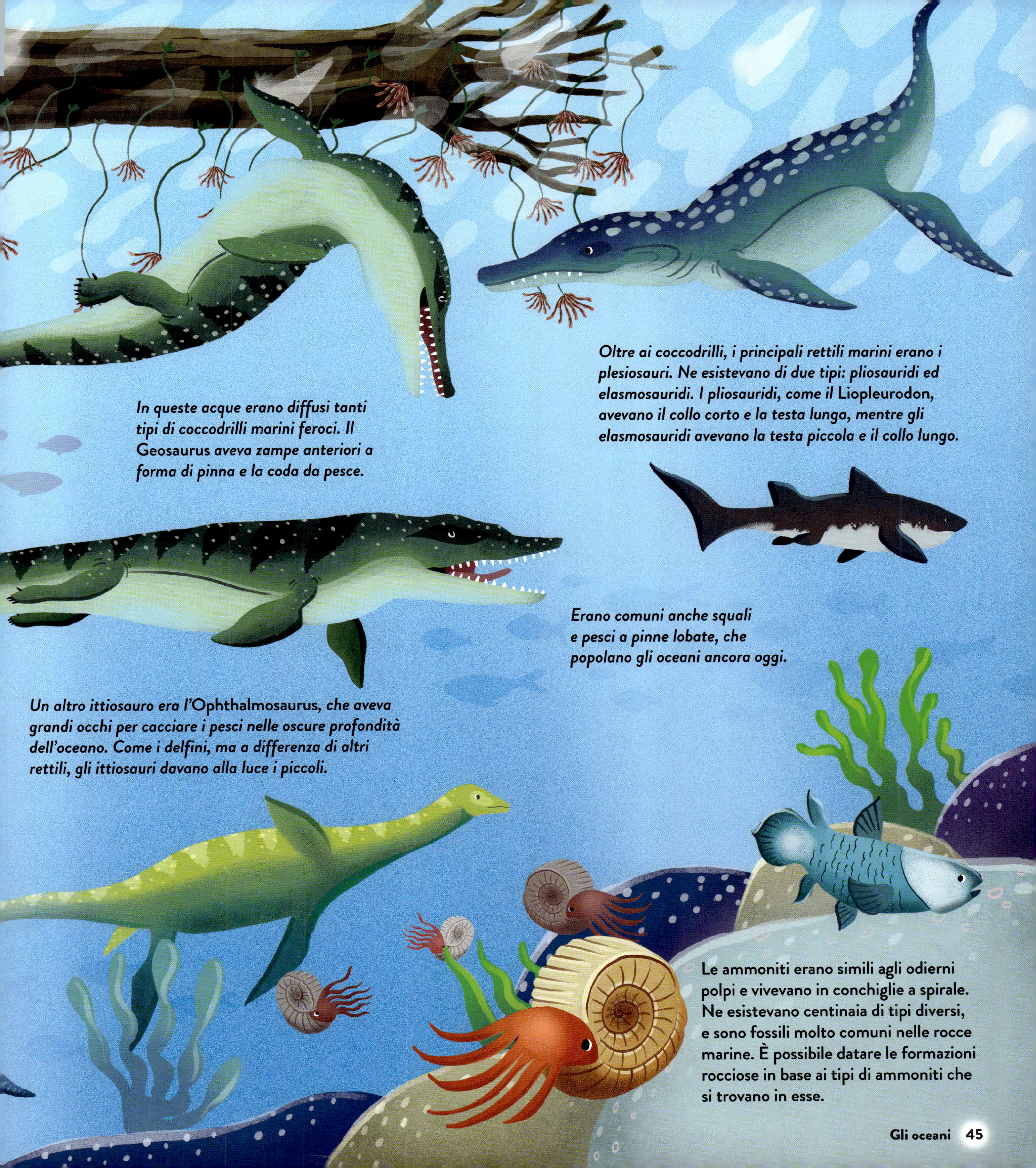

In queste acque erano diffusi tanti tipi di coccodrilli marini feroci. Il Geosaurus aveva zampe anteriori a forma di pinna e la coda da pesce.

Oltre ai coccodrilli, i principali rettili marini erano i plesiosauri. Ne esistevano di due tipi: pliosauridi ed elasmosauridi. I pliosauridi, come il Liopleurodon, avevano il collo corto e la testa lunga, mentre gli elasmosauridi avevano la testa piccola e il collo lungo.

Erano comuni anche squali e pesci a pinne lobate, che popolano gli oceani ancora oggi.

Un altro ittiosauro era l'Ophthalmosaurus, che aveva grandi occhi per cacciare i pesci nelle oscure profondità dell'oceano. Come i delfini, ma a differenza di altri rettili, gli ittiosauri davano alla luce i piccoli.

Le ammoniti erano simili agli odierni polpi e vivevano in conchiglie a spirale. Ne esistevano centinaia di tipi diversi, e sono fossili molto comuni nelle rocce marine. È possibile datare le formazioni rocciose in base ai tipi di ammoniti che si trovano in esse.

Scaviamo ancora...
Altri dinosauri dagli oceani

L'oceano che non c'era

I fossili del rettile acquatico *Mesosaurus*, grande come una lontra, vengono sia dal Brasile che dall'Africa del Sud. Viveva in acque dolci, e non avrebbe potuto attraversare l'oceano. Questo dimostra che ai tempi del *Mesosaurus*, nel Permiano (poco prima dell'evoluzione dei dinosauri nel Triassico), l'Oceano Atlantico non c'era: America del Sud e Africa facevano parte dello stesso continente.

Acque poco profonde

I mari poco profondi che circondano i continenti sono luoghi ideali per conservare i fossili. Questo pterosauro si fossilizzò dopo essere caduto sul fondo di una laguna nell'odierna Germania.